글·그림 맥 판 하크동크

네덜란드의 그래픽 디자이너이자 삽화가로, 헤이그에 있는 왕립예술학교에서 공부했습니다. 학교를 다닐 때부터 동물들, 특히 펭귄과 고래를 소재로 재미있으면서도 교육적인 만화들을 제작했습니다. 현재 맥은 로테르담에 있는 블라이도르프 동물원의 삽화가로 일하고 있으며, 어린이들을 위한 책을 여러 권 출판했습니다. 그의 책에서는 주요 인물로 동물이 자주 등장합니다.

옮김 한도인

영문학자이자 대학교수입니다. 성균관대학교에서 셰익스피어에 관한 연구로 박사 학위를 받았고, 현재 단국대학교 교양학부에서 영어를 가르치고 있습니다. 매년 영어와 영문학 전반, 특히 셰익스피어에 관한 연구 논문을 발표하는 한편, 틈틈이 연극 감상평을 쓰기도 하고 학술 번역은 물론 아동 청소년 소설 번역도 열심히 하고 있습니다. 어린 시절을 작은 시골에서 보낸 기억을 어젯밤 꿈처럼 마음속 한켠에 두고 있는 옮긴이는 글쓰기와 그림 그리기를 좋아해서 언젠가는 그 기억을 글과 그림으로 풀어내고 싶어합니다. 그동안 《초록빛 도시를 만든 에코 생쥐 삼형제》, 《레오나르도 다빈치의 마지막 노트》 등 아동 청소년 소설을 번역했습니다.

땅속 지구의 비밀

초판 1쇄 펴낸날 2020년 9월 5일
초판 3쇄 펴낸날 2023년 7월 30일
지은이·그린이 맥 판 하크동크 | **옮긴이** 한도인 | **펴낸이** 양승윤
펴낸곳 (주)와이엘씨 | **출판등록** 1987년 12월 8일 제1987-000005호
주소 서울특별시 강남구 강남대로 354 혜천빌딩 15층 (우)06242
전화 02-555-3200 | **팩스** 02-552-0436 | **홈페이지** www.aladinbook.co.kr

값 13,000원
ISBN 978-89-8401-483-1 74400 | 978-89-8401-480-0 (세트)

Wow! Onder de aardkorst. Reis naar de kern van de planeet
by Mack van Gageldonk / First published in Belgium and the Netherlands
by Clavis Uitgeverij, Hasselt - Alkmaar - New York, 2019
© 2019 Clavis Uitgeverij, Hasselt - Alkmaar - New York.

Korean translation Copyright © 2020 YLC Inc.
Arranged through Icarias Agency, Seoul

이 책의 한국어판 저작권은 Icarias Agency 를 통해 Clavis Uitgeverij 과 독점 계약한 (주)와이엘씨에 있습니다.
저작권법에 의하여 한국 내에서 보호를 받는 저작물이므로 무단전재와 복제를 금합니다.

알라딘 북스는 (주)와이엘씨의 어린이 책 출판 브랜드입니다.

KC 공통안전기준 표시사항	
① 품명 : 땅속 지구의 비밀	⑦ 사용연령 : 6세 이상
② 제조자명 : 알라딘북스	⑧ 취급상 주의사항
③ 주소 : 서울시 강남구 강남대로 354	• 종이에 베이지 않도록 하세요.
④ 연락처 : 02-555-3200	• 책의 모서리가 날카로우니 던지거나 떨어뜨려 다치지 않도록 주의하세요.
⑤ 제조년월 : 2023년 7월	⑨ KC마크는 이 제품이 공통안전기준에 적합하였음을 의미합니다.
⑥ 제조국 : 대한민국	

지구의 중심을 찾아가는 모험

땅속 지구의 비밀

글·그림 **맥 판 하크동크** | 옮김 **한도인**

땅속 지구의 비밀을 찾는 여행을 해 봐요

우주에서 보면 지구는 아름다운 색깔의 공처럼 보입니다. 곧바로 하얀색의 구름이 보일 테고, 파란 바다도 볼 수 있습니다. 녹색, 회색 그리고 갈색 빛이 나는 육지도 보입니다. 우리 행성의 외부 생김새는 그렇게 생겼지요. 그런데 우리가 사는 행성, 지구의 내부는 완전히 다르게 생겼습니다. 여러분이 땅에 구멍을 판다고 한번 상상해 보세요. 계속해서 파 내려가는 겁니다. 파고, 파고, 또 파고……. 그러면 언젠가 지구의 중심에 도달하겠지요. 하지만 그렇게 하려면 엄청난 힘이 필요합니다. 왜냐하면 6,370킬로미터나 되는 구멍을 파야 하거든요!

여러분이 지구의 중심으로 내려가게 된다면 무엇을 만나게 될지 궁금할 거예요. 우선 땅속에서 사는 많은 동물들을 만날 테고 신비로운 동굴과 값진 돌, 화석들, 그리고 온천과 걸쭉하게 끓고 있는 뜨거운 암석을 지나게 됩니다. 아직 어느 누구도 거기까지 가 보지는 못했습니다. 아직 아무도 가 본 적이 없다니, 정말 흥미진진한 여행이 될 것 같네요! 자, 이제 우리가 사는 행성의 중심을 향해 내려가면서 지구 내부의 비밀을 찾는 여행을 떠날 거예요. 모두 함께 갈 거죠?

땅속은 태양처럼 뜨거워요

우리가 발을 딛고 살고 있는 지구는 거대한 공 모양입니다. 발 바로 아래의 땅은 많은 사람들과 건물들, 식물, 동물과 산까지 모두 다 충분히 지탱할 수 있을 만큼 아주 단단하지요. 하지만 우리가 걷고 달리는 지구 표면은 여러분이 생각하는 것만큼 그렇게 두껍지는 않습니다. **사실, 우리는 아주 얇은 지구의 표면 위를 걸어 다니고 있지요.**

그 얇은 지구 표면층을 우리는 '지각'이라고 부릅니다. 지구를 사과로 비교해 보면, 지각은 사과의 껍질보다도 얇습니다. 지각 바로 아래에는 맨틀이 있어요. 맨틀은 암석이지만 매우 뜨겁고, 딱딱하지 않아요. 오히려 약간 액체에 가까운 암석으로 이루어져 있습니다. 시럽같이 생긴 이 암석을 '마그마'라고 부르는데, 지각은 이 마그마 위에 떠 있습니다. 그리고 그 밑 지구의 중심에는 핵이 있습니다. 맨틀보다 핵이 훨씬 더 뜨거운데, 거의 섭씨 6천 도입니다. 태양의 외부 온도와 맞먹을 정도로 뜨겁지요! 지구 핵의 외부는 액체 상태입니다만, 내부의 핵은 모두 압축되어 딱딱한 덩어리로 있습니다.

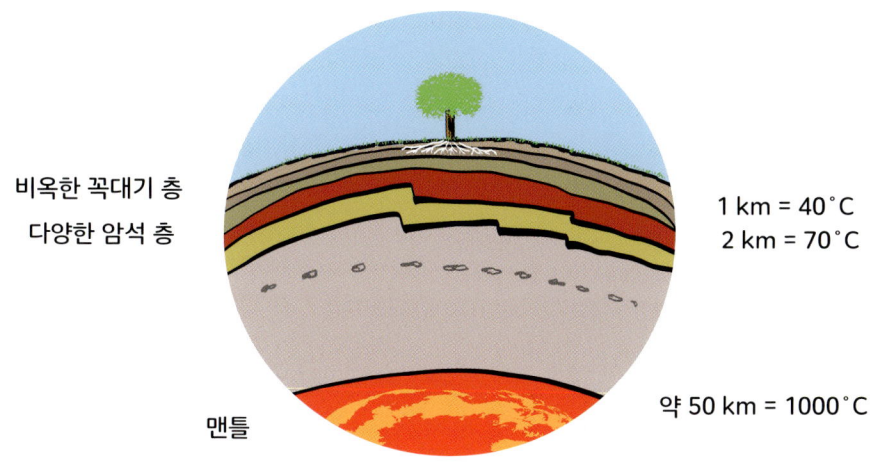

지각에 생명체가 살아요

지구 바깥쪽에 있는 얇은 지각은 두께가 30킬로미터에서 60킬로미터 정도 됩니다. 그러니 사실 그렇게 얇은 것은 아니지요. 그런데 **지각 위와 지각 안에서만 생명체가 살 수 있습니다.** 지각의 아래는 섭씨 1,000도라서 식물이 자라기에는 너무너무 뜨겁거든요!

지각의 안쪽으로 갈수록 토양•은 아주 빠르게 뜨거워집니다. 1킬로미터만 내려가도 온도는 이미 섭씨 40도 정도까지 올라가는데요, 태양이 내리쬐는 열대 지방만큼 뜨겁습니다. 1킬로미터를 더 내려가면 벌써 섭씨 70도가 됩니다. 그래서 모든 식물과 동물은 지각 바로 밑이나 지각 위에서 살게 된 것이지요.

지각 표면의 몇 미터는 모래나 진흙 같은 비옥한 토양을 포함하고 있어서 식물들이 그 위에서 자랄 수 있지요. 그 아래쪽으로는 다양한 종류의 암석이 자리하고 있습니다. 이 암석 층은 부패한 식물의 잔해들로 만들어졌습니다. 수백만 년을 거치는 동안, 한 층이 다른 층 위에 쌓이고 또 쌓이면서 아래쪽에 있는 층에 여러 겹이 얹히면서 무게는 계속해서 점점 더 무거워졌지요. 이 압력으로 인해서 밑바닥 층은 돌이 되었고 지각 내에 여러 다른 종류의 암석 층을 형성하게 됩니다.

• 흙을 말하는데, 지구의 표면을 덮고 있는 바위가 부스러져 생긴 가루인 무기물과 동식물에서 생긴 유기물이 섞여 이루어진 물질이에요.

땅속에도 생명이 가득해요

지구 표면 바로 아래는, 정말 완전히 깜깜한 곳입니다. 그곳에 **생쥐와 마모트, 그리고 토끼**들이 터널을 파서 굴을 만들어 살지요. 이 친구들의 지하 주택에는 흔히 여러 개의 방이 있습니다. 새끼들을 위한 방까지도 있답니다! 이렇게 하면, 잡아먹으려고 덤비는 다른 동물이 있는 땅 위에서 멀리 떨어져 있게 되므로 작고 어린 새끼들은 안전하게 태어나 자랄 수 있습니다.

나는 흙 두둑을 남겨요
두더지는 평생을 땅속에서 삽니다. 어쩌다 가끔 땅 위로 나오기도 하지요. 그러면 정원이나 풀밭에 흙을 쌓아서 두두룩한 흙더미, 두둑을 남깁니다. 두더지들은 항상 촉촉한 벌레들을 찾아다닙니다. 흠, 그게 바로 두더지가 가장 좋아하는 먹이거든요.

나는 굴 파기 장인이에요
많은 **벌레들**은 자신들의 천적•인 두더지처럼 땅속에서 삽니다. 그리고 또 두더지처럼, 아주 솜씨 좋은 굴 파기 장인이기도 하지요. 벌레들은 몸의 여러 부분을 각각 늘이기도 하고 줄이기도 할 수 있습니다. 이 친구들은 땅속을 이리저리 지나면서 작은 터널을 만드는데, 이것이 물이 지나는 길이 되어 식물들이 잘 자랄 수 있습니다.

• 잡아먹는 동물을 잡아먹히는 동물에 상대하여 이르는 말. 예를 들면, 쥐에 대한 뱀, 진딧물에 대한 무당벌레 등이 있어요.

나무와 버섯들 그리고 다른 여러 식물들은 지각의 가장 위층에서 자랍니다. 이들의 뿌리는 땅속 깊이 파고들어 있기 때문에 흙에 있는 수분과 영양분을 충분히 섭취할 수 있습니다. 과학자들은 나무들이 뿌리로 서로 이야기를 나누기도 한다는 사실을 발견했답니다! 심지어 어떤 나무가 병이 들면, 다른 나무들이 뿌리를 통해 약물을 전해 주어 아픈 나무가 건강을 회복하도록 돕는다고 해요.

동굴의 세계는 놀라워요

사람들도 때로는 땅속을 걸어 다닐 수 있습니다. 동굴이 걸어 다닐 수 있는 땅속의 좋은 예이지요. 그런데 여러분은 **종유석이나 석순**이 있는 동굴, 종유굴에 가 본 적이 있나요? 거기에 가면, 빗물이 만들어 낸 정말로 아름다운 땅속 복도와 방들을 볼 수 있습니다. 빗물은 땅에 떨어져서 땅바닥으로 스며듭니다. 지하수가 된 물방울들은 점점 땅속으로 스며들면서 석회암 같은 부드러운 암석을 녹입니다. 물방울들이 아주 작은 돌 알갱이를 흡수하는 것이지요. 이 물방울이 지하의 빈 공간으로 떨어지면서 마치 진흙이 뭉치듯 한 알갱이 위에 다음 알갱이가 붙게 됩니다. 이런 방식으로 동굴 천장에 고드름처럼 쌓이면 종유석이 되고 천장에서 바닥으로 떨어진 알갱이들이 쌓이면 석순이 됩니다. 때로 종유석과 석순이 서로 만나게 되면 기둥도 만들어지지요.

동굴에서 종유석과 석순은 아주 천천히 발달합니다. 땅에 스며들어 떨어지는 빗물은 어쩌다 한 방울이 툭 떨어지거든요. 그래서 이들이 자라는 것을 보려면, 아주아주 인내심이 많아야 합니다. 때로는 수백만 년을 기다려야만 하지요!

◀ 탐 롯 종유굴, 태국

난 동굴 안에서 반짝거려요

동물들은 동굴을 숨는 장소로 사용하기 좋아합니다. 예를 들어 **박쥐**는 동굴에서 잠자는 것을 더 좋아합니다. 천장에 매달려 편안히 눈을 감고 자지요. 뉴질랜드에 있는 와이토모 동굴에는 반짝이는 동물들이 살고 있습니다. **반딧불이의 애벌레**들이죠. 이 친구들은 우선 실타래로 둥지를 만듭니다. 누에고치처럼 말이지요. 그런 다음 몸의 아래 부분에서 파란 빛을 내보냅니다. 그러면 그 불빛에 이끌려온 파리들이 끈적끈적한 실에 들어붙게 되지요. 그렇게 해서 와이토모 동굴에 사는 반딧불이 애벌레들은 아무 때나 먹고 싶을 때 먹을 수 있답니다.

나는 진짜 천천히 자라요

점적석•은 여러 가지 모양입니다. 가장 유명한 형태 중 하나가 **종유석**이지요. 종유석은 동굴의 천장에 달려 있는 **돌 고드름**으로, 미세한 돌 알갱이가 녹아 있는 작은 물방울들이 천장에서 스며 나오다가 가라앉아 만들어집니다. 종유석은 아주 진짜 천천히 자라는데, 정말로 천 년에 1센티미터가 자라기도 합니다.

• 동굴 천장에서 방울방울 떨어지는 물방울이 만들어 낸 종유석과 석순을 가리키는 말로 넓은 뜻으로는 종유석과 석순이 맞붙은 석주까지도 포함돼요.

나도 떨어지는 물이 만들어요

점적석은 천장에 매달려 자랄 뿐 아니라 땅바닥에서도 자랍니다. 그런 기둥을 **석순**이라고 부르지요. 종유석처럼 석순도 떨어지는 물이 만들어 냅니다. 이 물에도 당연히 녹아 있는 돌 알갱이가 있습니다. 물 한 방울이 어딘가 단단한 부분 위로 떨어지면, 그 물방울은 터져 버리고 돌 알갱이가 그 자리에 남습니다. 그렇게 점점 자라지요.

미국에 있는 **앤털로프 협곡**은 놀라운 곳입니다. 이 협곡은 길이가 400미터, 깊이가 40미터에 이르는데, 빛이 들어오는 구멍이 군데군데 있습니다. 지금 협곡이 있는 곳은 예전에 사막이었습니다. 수천 년의 세월이 지나는 동안, 그 사막의 모래가 암석이 되고 다시 바람에 의해 압축되고 깎이면서 골짜기가 된 것이지요.

땅속 깊은 곳에 보물이 있어요

땅속 깊은 곳에는, 사람들이 여러 분야에서 꼭 사용해야하는 암석이나 광물들이 숨겨져 있습니다. 예를 들면, 옛날에는 난로를 피우려면 석탄이 꼭 필요했습니다. 배나 비행기는 요즘에도 철이나 알루미늄으로 제작됩니다. **광물**이라고 부르는 이러한 물질들은 때로는 손쉽게 찾아낼 수 있는 지층에 있기도 합니다. 하지만 어떤 물질은 암석 안쪽에 깊이 감추어져 있어서 아주 복잡한 방법으로 분리해야만 합니다. 철이 그런 경우지요.

광물을 채취하기 위해서는 터널이나 **갱도**를 깊게 파야 합니다. 대개의 갱도는 깊이가 수십 혹은 수백 미터입니다. 가장 깊은 갱도는 3킬로미터가 넘기도 한답니다! 그곳은 너무 더워서 일할 때는 얼음이나 선풍기로 온도를 낮춰야 합니다.

• 광산에서, 갱 안에 뚫어 놓은 길. 사람이 드나들며, 광석이나 자재를 나르거나 바람을 통하게 하는 데 쓰여요.

광부들은 지하에서 일해야했어요

옛날 탄광에서는 광부들이 곡괭이로 광물을 캐내서 바구니나 수레로 옮겼습니다. 갱도의 길이가 수십 킬로미터에 이르기도 했지요. 많은 광부들이 어두운 지하에서 힘든 작업을 하며 생활을 해야했습니다. 요즈음에는, 많은 광산들이 기계로 작업을 처리하지요. 다행히 기계는 고된 작업을 힘들어하지 않습니다.

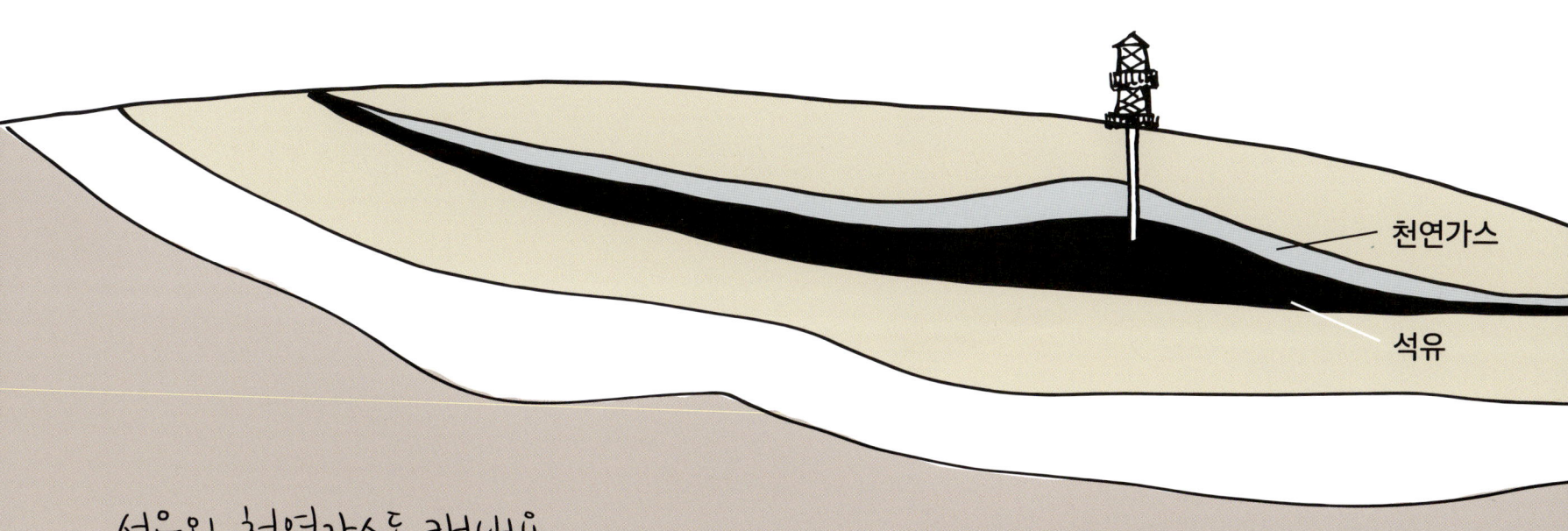

천연가스

석유

석유와 천연가스도 캐내요

수백만 년 전, 지구의 대부분에는 이미 바다와 대양이 형성되어 있었습니다. 그 안에서 이리저리 헤엄쳐 다니던 플랑크톤 같은 작은 동물들이 죽어서 바다의 바닥에 쌓였습니다. 그 위로 한 겹이 쌓이고, 또 한 겹이 그 위에 쌓입니다. 그렇게 쌓이면서 세월이 지나는 동안 진흙 같았던 쌓인 물질은 더 걸쭉해지고 무거워져서 **검은 시럽** 즉, 일종의 **타르**로 변했지요. 지구의 열로 인해서, 이 타르는 점점 따뜻해지고 결국 기름(석유)이 됩니다. 좀 더 많은 열이 가해지면 기름이 증발하는데, 이때 천연가스가 만들어집니다. 열이 가해지면 기름이 아주 가벼워지므로 관을 통해서 곧바로 위로 올라갑니다. 무거운 기름은 펌프를 이용해 위로 밀어 올려지지요. 플라스틱이나 석유, 그리고 난방용 가스 같은 우리 생활에 꼭 필요한 물품들이 석유와 천연가스로 만들어집니다.

• 유기물이 분해 증류되어 나오는 점성의 검은색 액체. 유기물은 동물이나 식물 등의 생명체를 이루고 있는 물질을 말해요.

광산에서 광물을 채취할 때는 커다란 돌덩이에서 추출해야 하는 경우도 있습니다. **철과 강철**이 그런 경우이지요. 수천 년 전에는 돌에서 구한 철을 녹여 화살촉을 만들었습니다. 오늘날에는 커다란 공장에서 이 작업을 처리하고 있지요. 철을 이용해 더 튼튼한 강철을 만들기도 합니다. 강철은 여러 분야에 사용되는데, 특히 배를 만들 때는 강철이 꼭 쓰입니다.

지구는 땅속에 예쁜 보석을 지키고 있어요

잘 살펴보면 여러분도 땅속에서 진짜 보석을 발견할 수 있습니다. 금이나 은, 다이아몬드, 아니면 다른 보석들을요. 보석은 특별한 환경에서 만들어집니다. **다이아몬드**를 예로 들어 볼게요. 다이아몬드는 흑연• 조각에서 시작합니다. 여러분은 흑연을 본 적 있을 거예요. 맞아요, 연필에서 본 그것입니다. 부드럽고 매끄러워서 이리저리 움직여 그림을 그릴 수 있지요. 땅 속 깊은 어딘가에서, 무거운 지질층이 흑연 조각을 누릅니다. 흑연 조각들이 완전히 압축되고 나면 결국 돌처럼 단단해지지요. 지구 안쪽이 거대한 오븐처럼 뜨겁다는 사실로 미루어 보면 이 돌들은 엄청나게 달궈지기도 합니다. 이것이 바로 지구가 흑연을 다이아몬드로 변화시키는 비법이지요.

그런데 다이아몬드는 어떻게 지구 표면으로 나오게 되는 걸까요? 그런 일은, 예를 들면, 화산••이 분출하는 동안 일어날 수 있습니다. 화산 속에서 펄펄 끓는 뜨거운 용암•••은 지구의 중심부에서 나오면서 주위에 있는 모든 것들을 끌고 나옵니다. 이때 다이아몬드도 함께 끌려 나오지요. 만일 여러분이 언젠가 화산이 폭발했던 곳을 갔을 때 운이 좋다면 땅바닥에서 다이아몬드를 발견할 수도 있을 겁니다. 그런데 아주 주의 깊게 찾아봐야만 합니다. 다이아몬드는 매우 희귀하거든요. 바로 그 이유 때문에 값이 아주 비싸답니다. 다이아몬드는 지구상에서 가장 단단한 암석이어서 우리 생활에 매우 쓸모있게 사용됩니다. 예를 들면, 다이아몬드는 치과 의사가 사용하는 드릴에 끼우는 날을 만드는 데 쓰입니다. 다이아몬드를 갈아 다듬고 나면 매우 아름답게 반짝이지요. 그래서 보석으로 가공되기도 합니다.

• 순수한 탄소로 이루어진 검은색의 무른 광물.
•• 땅속에서 만들어진 마그마가 지각의 틈을 통하여 지표면으로 나와 분출물이 쌓여 만들어진 산.
••• 마그마가 지표를 뚫고 나와 흐르는 물질로 마그마에서 가스 성분이 빠져 나간 것.

땅속에 공룡의 흔적이 남아 있어요

겹겹으로 이루어진 지각의 여러 층에서는 아름다운 보석이나 쓸모 있는 광물 외에도 많은 것이 발견되는데요, 공룡까지 발견할 수 있습니다. 물론 살아있는 공룡이 아니라 **화석**이지요. 화석은 오래전에 **죽은 동물의 유골이거나 그들이 남긴 자국**입니다. 때때로 동물들이 죽고 남은 사체가 지층 사이에 끼어 눌리기도 하는데, 이때 지층에 있는 돌에 새겨져 흔적이 남습니다. 또한, 타르 구덩이에 동물이 빠져 죽은 경우에도 그런 흔적이 남을 가능성이 있습니다. 미끌미끌하고 끈적끈적한 타르에는 공기가 없기 때문에, 그 동물들의 흔적에 변화가 일어나지 않지요. 그래서 어떤 경우에는 아주 오랜 기간 동안 전혀 손상되지 않은 채로 남아 있기도 합니다. 덕분에 수백만 년 전에 살았던 동물들과 공룡이 어떻게 생겼었는지를 지금도 정확하게 볼 수 있습니다.

금을 찾는 사람들이 있어요

금은 아주 값이 비쌉니다. 금은 보통 땅속에 숨겨져 있지만, 때로는 땅 표면에서 발견되기도 한답니다. 만약 바로 그 지점에 작은 강이 흐르고 있다면, 금을 찾는 일은 훨씬 쉬워집니다. 물살이 금을 싸고 있는 불순물을 씻고 지나갈 테고 그러면 금이 '나를 가져가세요.' 하면서 거기에 있을 테니까요. 전 세계의 금 채굴꾼들은 벼락부자가 되려는 희망을 품고 체를 들고 강을 이리저리 훑고 다닙니다. 운이 좋으면 자그마한 금 조각들을 발견할 것이고 운이 아주 좋으면 커다란 금덩어리를 찾아내기도 합니다!

어떤 돌은 다른 돌보다 더 딱딱해요

보석은 아름답기도 하지만 아주 딱딱하기도 합니다. 유리는 칼로 흠집을 낼 수 있지만 보석에는 그렇게 할 수 없습니다. 보석은 너무 단단하기 때문이지요. 이 이유로 진짜 다이아몬드와 가짜 다이아몬드, 혹은 인조 석영을 구별할 수 있습니다.

돌도 여러 가지 색을 가지고 있어요

돌은 아주 다양한 색깔을 띠고 있습니다. 빨간색, 파란색, 오렌지색……. 그런데 같은 종류의 돌이 어떤 때는 오렌지색이었다가 또 어떤 때는 녹색이 되기도 합니다. 그 돌에 각각 다른 금속이 들어 있기 때문이죠. 예를 들어, 철은 자수정에 들어 있는 결정체(크리스털)를 보라색으로 바꿀 수 있고, 파란색을 띠는 남동석●은 구리 성분이 변하면 녹색을 띠기도 합니다. 그러니 자연 자체가 화가라고 할 수 있지요.

● 구리 광석 퇴적물이 풍화, 침식을 받아 생성되는 진한 파란색 구리 광물.

왕과 여왕, 그리고 공주들은 매우 아름다운 왕관을 씁니다. 왕관은 대개 금으로 만들어지고, 멋진 돌들, 바로 보석으로 장식도 합니다. 사실 **그 왕관**의 가장 중요한 부분은 땅에서 나온 **보석들**이지요! 진홍색 루비부터 눈부시게 반짝이는 다이아몬드까지……. 거의 모든 보석들은 지구 내부에 있는데, 눈에 띄지 않을 만큼 작은 조각들로 시작해서 아주 오랜 세월에 걸려 만들어집니다.

나는 아주 깊은 바닷속을 돌아다녀요

지구의 아주 깊은 곳으로 내려가려고 한다면, 땅에 구멍을 파는 방법만 있는 것은 아닙니다. 잠수복을 입고 바닷속으로 갈 수도 있어요. 물론 훨씬 더 좋은 방법은, 잠수함을 타는 것입니다! 바다의 표면은 햇살을 받아 반짝일 뿐이지만, 깊은 물속에서는 무지개처럼 갖가지 색을 가진 물고기 떼와 신비한 동굴들을 볼 수 있지요. 그렇지만 바다 속으로 깊이 들어가면 갈수록, 더욱 어두워지고 점점 더 흥미로워지는데요…….

바다 속 깊이 몇 백 미터를 들어가면 햇빛은 더 이상 비추지 않습니다. 칠흑같이 완전히 깜깜하지요. 여기에서는 어디에 식물이 자라는지, 혹은 물고기들이 주위를 헤엄쳐 다니는지도 알아차리기 어렵습니다. 하지만 가끔은 무언가 빛을 냅니다. 움직이는 불빛입니다! 이렇게 깊은 바다에서 무엇이 빛을 내는 걸까요? 이 친구들은 스스로 빛을 내는 물고기, 바로 '발광어'입니다. 깊고 어두운 바다에서 이 물고기는 특별한 능력을 개발했지요. 마치 크리스마스트리의 전구처럼 빛을 깜빡일 수 있는데, 암컷에게 잘 보이기 위한 방법이랍니다. 또, 적이 가까이 접근할 때면 아주 빠르게 깜빡여서 물리칩니다. 폭죽이 터지는 것처럼 말이지요!

산맥은 해수면 아래로도 이어져요

지구에서 가장 깊은 곳은 바다 아래에 있습니다. **마리아나 해구**˙지요. 일본과 인도네시아 사이에 있는 이 해구는 깊이가 10킬로미터 이상입니다. 지상에서 가장 높은 에베레스트 산의 높이보다 더 깊습니다! 그 정도 깊이의 물속에서 사람이 살아남는 것은 불가능합니다. 마치 수백만 대의 차가 몸 위에 있는 것처럼 물의 압력이 느껴질 테니까요.

• 대양 밑바닥에 좁고 길게 도랑 모양으로 움푹 들어간 곳. 제일 깊은 곳의 수심이 6,000미터 이상인 것을 이르며, 횡단면은 'V' 자 모양을 이루어 경사가 급해요.

나는 빛을 내며 춤을 춰요

여러분은 **해파리**를 본 적이 있겠지요? 해파리의 촉수에 찔리면 상처가 아주 심각합니다. 하지만 해파리는 아주 아름답기도 합니다. 대양의 깊은 곳에서는 빛을 내는 해파리를 볼 수 있습니다. 온갖 종류의 형광빛이 나지요. 이 친구들이 물을 가로지르며 천천히 움직일 때면 마치 빛을 내는 무용수들의 발레 공연을 보는 것 같습니다.

나는 심해 잠수사예요

향유고래는 진짜 깊은 바다, 바로 심해까지 잠수하는 특별한 기술이 있습니다. 향유고래의 커다란 머리에는 지방이 있는 혹이 있는데, 이 혹으로 약간의 혈액이 몰리면 무게가 무거워집니다. 그러면 가장 좋아하는 먹이인 거대 오징어(남극하트지느러미오징어)를 찾아 바다 깊숙이 들어갈 수 있지요. 이 고래들은 3킬로미터 깊이에서도 헤엄칠 수 있습니다. 그런데 살아있는 거대 오징어를 본 사람은 거의 없다고 해요……. 죽은 채로 해변에 떠밀려 왔거나 향유고래에게 먹혀 뱃속에 있는 것을 봤을 뿐이지요.

더 깊이 잠수하면 할수록 점점 더 낯선 동물을 보게 됩니다. 심해에 사는 어떤 물고기는 몸 두께가 너무 얇아서 반으로 가를 수 없을 정도입니다. 또, 어떤 바다거미는 30센티미터까지 자라기도 합니다. 게다가 바닥의 두터운 진흙층을 들춰 보면 다리가 달린 물고기도 발견할 수 있지요! 머리 꼭대기에 눈이 달린 물고기도 있는데, 당연히 올려다보기만 할 수 있습니다. 바늘치라는 물고기는 머리 위나 정면에 스스로 빛을 내는 물체가 있어 먹잇감을 꾀어냅니다. 작은 물고기들이 빛을 따라 몰려들면 바늘치는 기다렸다 삼키죠! 바로 먹혀 버리는 거예요.

나는 거품을 내요!

흐베리르, 아이슬란드

얇은 지각 위로
보글보글 끓어올라요

지구의 어떤 곳에서는 **간헐천**이라는 특별한 현상을 볼 수 있습니다. 간헐천은 아주 높이까지 솟아오르는 천연 분수입니다. 미국의 옐로스톤 국립공원에 많이 있지요. 지각은 아주 얇은데, 지구 내부에는 빨갛고 뜨겁게 끓어오르는 마그마가 있습니다. 마그마는 지각 바로 아래 있지요. 땅속에 있는 어떤 빈 공간에 빗물이 모이면, 그 물이 마그마에 의해 끓게 됩니다. 처음에는 보글보글 끓는 상태가 계속되지요. 그러다 어느 순간 압력이 너무 높아지게 되면, 물이 지표면 아래에서 계속 팽창하다가 결국 어느 한 점으로 쏠리게 되면서 솟아오르게 됩니다. 옐로스톤 국립공원 안에 있는 **올드페이스풀 간헐천**이 가장 유명한데, 이 간헐천은 몇십 분 간격으로 56미터 높이까지 물과 열기를 뿜어 올립니다.

온천에서 기분 좋게 목욕해요

나가노라는 일본의 한 도시 근처에는 아주 특별한 물웅덩이가 있습니다. 겨울이 되어 기온이 영하로 떨어지고 눈이 내리면서 물까지 다 얼어붙어도, 이 웅덩이는 김을 내뿜습니다. 그 주변의 물은 계속 따뜻한 채로 있어 얼지도 않습니다.

이 웅덩이의 물이 따뜻한 원인은 지구 깊숙한 곳에 있습니다. 펄펄 끓는 마그마가 물이 나오는 곳 근처를 지나면서 물웅덩이 전체를 덥히는 것이지요. 많은 사람들이 이런 온천에서 목욕하는 것을 좋아하는데, 특히 나가노의 온천은 **마카크원숭이**들에게도 인기가 있습니다. 이 친구들은 날씨가 좋든 나쁘든 상관없이 기분 좋은 온천욕을 즐길 만한 곳을 정확하게 알고 있다고 해요.

온천수로 그림을 그려요

미국의 옐로스톤 국립공원은 화산 지대입니다. 이곳 땅 표면은 땅 밑의 화산 때문에 온도가 매우 올라가 있지요. 위 사진의 가운데 있는 **온천수의 색은 선명**합니다. 물이 아주 뜨겁기 때문에, 호수의 가운데에서는 모든 **세균**들이 죽습니다. 이 때문에 물이 아주 아름다운 파란색을 띠는 겁니다. 하지만 호수를 둥글게 둘러싼 가장자리 부분에는 세균들이 아주 활발하게 살고 있습니다. 어떤 세균은 오렌지색 물질을, 또 다른 세균은 노란색 물질을 만들어 내지요. 이 물질들이 파란색과 섞여서 녹색을 만들기도 합니다. 이렇게 지구는 온천수로 아름다운 그림을 완성합니다.

바닷물이 솟아오르고 휘파람을 불어요

간헐천 말고도 다른 분수들이 있습니다. 바다에서 다른 종류의 **분수**를 발견할 수 있지요. 바닷물이 어떤 동굴에 난 구멍으로 흘러들어 가고 나면 더 이상 갈 곳이 없습니다. 동굴의 꼭대기에 구멍이 나 있는 경우를 제외한다면 말이지요. 그 구멍을 **블로홀**이라고 합니다. 동굴로 흘러들어 온 물이 그 구멍으로 한꺼번에 몰려들 때 분수처럼 멋있게 공중으로 물을 뿜어냅니다. 때로는 휘파람 소리도 나지요.

진흙으로도 목욕해요

진흙이 지구의 열기로 데워지면 진흙 목욕탕, 어떤 때에는 **진흙 화산**까지도 생겨납니다. 아제르바이잔에는 350개의 진흙 화산이 있습니다. 이보다 더 많이 갖고 있는 나라는 없지요. 땅속 깊숙한 곳에서 커다란 진흙 거품이 밀어 올려지는데, 그 거품들이 땅 위에 이르면 회색 수프처럼 끓어오르면서 퍽퍽 소리를 내며 터집니다.

아이슬란드는 해마다 몇 센티미터씩 자라는 섬입니다. 이 나라의 한쪽 부분이 천천히 이동하여 다른 쪽과 벌어지고 있기 때문에 이 현상이 생긴다고 해요. 이곳에서는 땅에 구멍 혹은 균열이 중간에 생기고, 바로 그 틈을 통해서 지구의 가장 깊은 곳에 있는 마그마가 흘러들어 전체를 덥히고 있습니다. 그래서 아이슬란드에는 많은 간헐천이 있고, 그 간헐천들이 계속 **보글보글 끓고, 퍽퍽 소리내며 터지고, 물보라**를 일으킵니다.

싱벨리어 국립공원, 아이슬란드

지각을 이루는 판들은 서로 맞비벼지고 있어요

지각은 얇은데다 고정되어 있지도 않습니다. 조금씩 움직이지요. 지구의 안쪽 부분, 즉 마그마가 약간 액체 상태이기 때문입니다. 마그마는 딱 시럽 같은데, 사실 돌이 시럽처럼 녹은 것이지요. 지각은 그 위에 떠 있습니다. 지각을 이루는 여러 판들은 마치 바다 위에 떠 있는 섬처럼 각기 다른 방향으로 떠 있습니다. 어떤 판은 마주 보듯이 떠 있는 반면, 또 어떤 판은 서로를 지나가거나 아니면 서로 멀어지기도 합니다. 이 판들, 즉 텍토닉 플레이트•는 아주 무겁기 때문에, 이들이 서로 충돌하거나 마주쳐 문질러지면 지각 전체가 진동하고 흔들리기 시작합니다. 그렇게 되면 **지진**이나 **화산 폭발**이 일어납니다. 이때의 충격으로 지층에 틈이 발생하고, 그 틈으로 뜨거운 마그마가 새어 나오게 됩니다. 화산은 주로 이 떠 있는 지각 판들이 만나는 지점에서 발견됩니다. 이런 현상이 발생하는 가장 악명이 높은 지대는 아메리카와 아시아에 걸쳐 있는데, 태평양을 띠 모양으로 둥글게 둘러싸고 있어 **'불의 고리'**라는 이름이 붙었습니다.

• 판 모양을 이루어 움직이고 있는 지각의 표층.

두 개의 판이 서로 멀어져요 ▶

두 개의 판이 위아래로 움직여요 ▼

리히터 규모는 지진의 크기를 나타내요

지진이 일어났을 때 그 크기가 얼마인지는 리히터• 규모의 숫자로 나타냅니다. 보통 1에서 10까지의 숫자로 표시하지요. 리히터 규모에서는 각 단계마다 강도가 열 배씩 더 강해집니다. 리히터 규모로 강도 5의 지진의 힘은 강도 4의 진동보다 열 배 더 강한 것이고 강도 3의 진동보다는 백 배 더 강력한 것임을 의미합니다. 강도 5에서는 찬장의 유리컵들이 흔들리는 정도이지만, 강도 6에서는 집 전체가 흔들립니다. 이제까지 측정된 가장 강력했던 지진은 1960년 칠레에서 발생한 지진이었는데, 리히터 규모로 강도 9.5였습니다.

• 미국의 지진학자. 지진파를 측정해 지진의 에너지를 추정하는 방법을 개발했어요. 지진의 크기를 나타내는 척도 '규모'를 제안하여 전 세계적으로 사용하는 표준 척도가 되었지요.

지각은 움직이며 벌어져요

지각은 판으로 이루어져 있는데, 이 판들은 서로 충돌하고 맞비벼지고 또 서로에게서 떨어져 나가기도 합니다. 이런 현상들은 대부분 해수면 아래에서 일어납니다. 그러니 직접 눈으로 보기 어렵지요. 하지만 육지에서 일어나기도 합니다. 판을 움직이는 엄청난 힘은 땅을 찢어 벌려 놓습니다. 이렇게 해서 수백 킬로미터에 이르는 깊은 **협곡**이 생겨나지요.

땅이 두 겹으로 접혀요

지구의 판이 충돌하는 곳에는 **습곡산맥**•이 만들어집니다. 이 산맥은 지각에 생긴 잔물결 같은 것으로, 지각이 압축되면서 접힌 겁니다. 산은 지각 위에 저절로 솟아나지 않지요. 두 개의 텍토닉 플레이트가 마주보고 서로 밀어붙여서 만들어집니다.

• 습곡은 지층이 물결 모양으로 주름이 지는 현상인데, 이 작용으로 이루어진 산맥을 말해요.

지진은 바다 깊숙한 곳에서도 발생합니다. 그렇게 지진이 일어나면, **쓰나미**가 바로 닥칩니다. 지각에 생긴 진동이 바닷물에 잔물결을 일으키고, 결국 커다란 파도가 만들어집니다. 쓰나미 파도가 해안가에 도달할 무렵이면, 크기가 10미터 이상까지 되어 도시 전체를 삼킬 수도 있습니다.

뜨거운 마그마가 여기로 흘러나와요

때로는 지구의 속살이 밖으로 나와요

얇은 지각 바로 아래에는 돌과 자갈로 만들어진 걸쭉하고 뜨거운 죽 같은 것이 펄펄 끓고 있는데, 이것이 바로 우리가 **마그마**라고 부르는 물질입니다. 다행스럽게도, 지각이 얇기는 하지만 부글부글 끓는 마그마를 그 자리에 그대로 유지할 만큼은 튼튼합니다. 하지만 항상 그런 것은 아니지요. 가끔은 지각이 갈라지면서 마그마가 솟구쳐 나옵니다. 그때의 마그마는 **용암**이라고 부릅니다. 여러분이 짐작했듯이, 이런 일은 화산이 분출할 때 일어납니다. 지각이 깨어지거나 갈라져 터진 곳에서 화산을 발견할 수 있지요. 화산 분출이 일어나는 동안에는 용암과 화산재, 그리고 폭발 잔해가 거의 1킬로미터 높이의 허공에까지 날아오릅니다. 어떤 때에는 더 높이 올라가기도 하지요. 화산 분출은 지구의 힘이 얼마나 거대한지를 잘 보여줍니다.

◀ 에트나 화산의 폭발, 이탈리아

모든 화산이 다 똑같지는 않아요

전 세계에는 **1,500여 개의 화산**이 있는데 모두 다 조금씩 다릅니다. 어떤 화산은 생물들의 생명을 위협하고 엄청난 소음을 내며 폭발하는 반면, 어떤 화산은 용암을 아주 느리게 그리고 눈에 띄지 않게 내보내기도 합니다.

화산의 위험한 정도는 그 화산의 생김새로 구분할 수 있습니다. 가장 위험한 화산일수록 경사가 가파르지요. 이런 경사면에는 내부에 강들이 있습니다. 물론 마그마가 비집고 나오려고 하는 강이지요. 하지만 그것이 그렇게 쉽지는 않습니다. 이 '성층 화산•'을 이루는 암석은 아주 튼튼해서 부글부글 끓는 뜨거운 마그마라도 쉽게 뚫고 나올 수 없기 때문입니다. 몇 번이나 강하게 문을 두드리고 나야 겨우 성공하는데, 그럴 때는 거대한 **폭발**로 이어집니다.

다른 화산들은, 이를테면 '순상 화산'이라 부르는 화산은, 점성이 매우 작은 현무암질의 얇은 용암류가 여러 번 분출하여 생긴 화산으로, 훨씬 더 평평하고 어떤 경우에는 아예 완전히 평지 같기도 합니다. 이런 순상 화산들은 지각이 아주 얇은 지대에 형성됩니다. 그러니 마그마가 나오기가 매우 쉽겠지요. 어떤 때에는 용암이 땅 위로 걸쭉하고 뜨거운 죽처럼 천천히 흐릅니다. 이런 유형의 화산은 폭발하는 경우가 매우 드뭅니다.

• 용암과 화산재, 화산 모래 등 화산 부스러기들이 교대로 쌓인 화산. 성층 화산은 아래쪽은 경사가 완만하고 산의 꼭대기는 경사가 가파르지요.

시나붕 화산, 인도네시아 ▶

▲ 에트나 화산의 폭발, 이탈리아

화산은 자연의 힘이에요

화산은 폭발성이 아주 강합니다. 이것은 자연의 힘이고, 사람이 아무리 똑똑하다고 하더라도 그것을 멈추기 위해 할 수 있는 일이 아무것도 없습니다. 하지만 과학자들이 땅속 깊은 곳에서 우르릉 하는 소리를 추적할 수는 있지요. 이 일은 **지진계**와 함께 합니다. 지진계는 땅의 진동을 그래프로 변환해 주지요. 지진계 덕택에 사람들은 화산 폭발 이전에 경고를 받을 수도 있고 정말로 위험해지기 전에 다른 곳으로 피할 수 있습니다.

크라카타우 섬에서의 화산 폭발음은 엄청 컸어요

1883년 인도네시아에 있는 크라카타우 섬의 화산 폭발은 얼마나 소리가 컸던지 오스트레일리아에 있는 사람들도 그 소리를 들었습니다. 이때의 폭발로 섬의 대부분은 바다 밑으로 주저앉았고, 화산은 어마어마한 양의 먼지를 뿜어냈지요. 먼지 구름이 전 세계로 날아갔고 태양까지도 그 구름에 가려졌습니다. 이 화산 폭발로 여러 나라에서 기온이 조금 낮아지기도 했습니다.

에이야프야틀라이외쿠틀 화산은 최근에 폭발했어요

에이야프야틀라이외쿠틀 화산은 아이슬란드에 있는데, 최근에도 폭발한 적이 있습니다. 화산이 폭발하는 동안 발생한 화산재 구름은 유럽까지 넓게 퍼졌습니다. 8킬로미터 높이까지 화산재로 가득 찼었지요. 비행기들도 거의 한 달 동안 지상에 있어야만 했습니다.

79년, 이탈리아 남쪽에 있는 **폼페이라는 도시의 주민**들은 우르릉거리는 큰 소음에 깜짝 놀랐습니다. 그 도시 옆에 베수비오 화산이 있었는데, 그 화산이 엄청난 화력으로 폭발한 겁니다. 뜨거운 화산재가 비처럼 내렸죠. 도시 전체가 두터운 화산재에 파묻혔습니다. 수백 년 후, 묻혀 있던 도시가 발굴되었는데 잿더미 아래에 천 년도 훨씬 전 로마 시대 사람들이 남겼던 집과 가게, 목욕탕들이 그대로 있었습니다!

용암이 강물처럼 흘러요

하와이에는 지면 위에 화산이 있는데, 용암이 강물처럼 섬을 가로질러 흐릅니다. 물론 아주 뜨겁습니다만, 아주 천천히 흘러서 사람들이 구경하러 가기도 합니다. 정말 아름답거든요!

새로운 땅이 태어나요

바다 속에서 화산이 폭발한 결과로 많은 **섬들**이 태어납니다. 용암이 차가운 물을 만나 바로 딱딱하게 굳어지기 때문이지요. 화산섬들은 모두 이렇게 탄생했답니다.

용암은 위험합니다. 하지만 일단 차갑게 식고 나면, 쓸모가 많기도 합니다. 식은 용암은 **영양분**이 많기 때문에 그 위에서 식물들이 잘 자라나지요. 화산 폭발이 있고 난 후에 토양은 한동안 식으면서 쉬는 시간이 필요합니다. 그런 다음 처음에는 거뭇한 풍경 속에 녹색 점이 하나둘씩 나타나는데, 오래지 않아 녹색 식물로 온통 뒤덮입니다.

지구의 내부를 알려 주는 선물이에요

사람은 지각 아래로는 가 본 적이 없습니다. 거기는 너무 뜨거워서 모든 것이 녹아 버리죠. 쇠, 돌, 딱딱한 다이아몬드……. 전부 다 말입니다. 그러면 **지각 바로 아래**가 어떤지 어떻게 알 수 있었을까요? 용암이 우리에게 그 모습을 보여주지요. 용암이 거기서 나왔으니까요. 용암은 지구의 좀 더 깊은 곳에 있는 시럽 또는 죽 같은 뜨거운 물질인데, 지하에서 압축되면 다른 이름을 갖습니다. 마그마라고 부르지요. 마그마는 땅 위로 나와 거침없이 흐르며 지구 내부의 아름다운 형태를 우리에게 보여줍니다. 용암은 지구의 내부를 알려 주는 중요한 선물입니다.

이제 지구의 중심에 다 왔어요

지구의 중심으로 가는 우리의 여행이 이제 목적지에 다다랐습니다. 지구의 중심에는 핵이 있어요. 지구의 핵은 지구에서 가장 깊은 곳에 있고 그래서 가장 비밀스럽습니다. 이제까지 아무도 거기에 가 본 적이 없지요. 화성이나 토성 그리고 목성 같은 행성으로는 우주 탐사선을 발사해 왔지만, 지구의 핵으로는 어떤 측량 도구도 보내 본 적이 없습니다. 그래서 정말로, **지구의 핵**은 여러 해를 비행해야 할 만큼 멀리 떨어져 있는 행성의 표면보다 훨씬 더 비밀스럽지요! 그렇기는 해도, 과학자들 덕분에, 지구의 핵에 대해서 많은 것들이 알려지고 있습니다.

지구의 진짜 중심은 여러분의 발아래에서 정확히 6,370킬로미터 떨어져 있습니다. 뉴욕에서 런던까지, 혹은 북경에서 모스크바 사이의 거리보다 조금 더 멀지요. 지구의 핵은 두 부분으로 구성되어 있습니다. 액체인 외핵과 고체인 내핵이 그것이지요. 핵은 모두 금속으로 이루어져 있는데, 외핵은 열로 인해 그 금속이 완전히 녹아 있지만, 내핵은 높은 압력에 의해서 단단한 공 혹은 씨앗처럼 완벽하게 압축되어 있습니다. 핵 안의 온도가 태양의 표면 온도만큼 높다니 정말 신기하지요! 게다가 단 몇 시간 비행하면 가는 거리에 있다니요!

지구의 중심은 자석과 같아요

지구의 핵은 대부분 철로 이루어져 있으며 커다란 자석처럼 작용합니다. 이 **초거대 자석**에서 생기는 자기력은 지구 전체에 영향을 미치지요. 예를 들어, 지구 중심의 자기력 때문에 나침판이 작용합니다. 이 자기력으로 인해서, 모든 나침판의 바늘은 지구 어디로 가든지 항상 같은 방향을 가리킵니다.

자석의 성질이 미치는 공간을 자기장이라고 하는데, 자기장은 지구 밖에서도 느낄 수 있습니다. 그리고 태양이 전기를 띤 입자를 방사•할 때면, 그 자기장을 볼 수 있기도 합니다. 북극이나 남극 주변에서는, 자기장이 빛 분자들의 방향을 바꿉니다. 어두울 때면, 이 자기장이 어떤 문양을 만들어 내는지 분명하게 볼 수 있지요. 어떤 때에는 남극이나 북극에서 오로라••가 한줄기 빛을 만들기도 하고 어떤 때에는 빛으로 커튼 모양을 만들기도 합니다. 그럴 때는 가끔 활활 불타오르는 것처럼 보이기도 하지요. 춤추는 빛의 커튼은 무지개처럼 갖가지 색을 자랑합니다. 이 모든 것이 다 지구 중심의 자기력 덕분입니다.

• 물체로부터 열이나 전자기파가 사방으로 방출됨. 또는 그 열이나 전자기파를 말해요.
•• 태양에서 나오는 전파가 지구의 극지방에 모여 있다가 대기와 충돌하며 다양한 색깔의 빛이 여러 가지 형태로 하늘에 나타나는 자연현상이에요.

◀ 어쉬피오르, 노르웨이

찾아보기

간헐천 • 43, 47
강철 • 27
갱도 • 24, 26
공룡 • 30
광물 • 24, 26~27, 29~30, 33
금 • 29, 32~33
나가노 • 44
남극하트지느러미오징어 • 39
남동석 • 33
다이아몬드 • 29, 33, 63
리히터 규모 • 52
마그마 • 8, 29, 43~44, 47, 50, 54, 57~58, 63
마리아나 해구 • 38
마카크원숭이 • 44
맨틀 • 8, 11
바늘치 • 39

바다거미 • 39
반딧불이 • 20
발광어 • 36
베수비오 화산 • 61
보석 • 29, 33
불의 고리 • 50
블로홀 • 47
석순 • 19, 21
석유 • 27
성층 화산 • 58
순상 화산 • 58
습곡산맥 • 53
시나붕 화산 • 58
심해 • 39
쓰나미 • 53
아이슬란드 • 41, 47, 49, 61

에이야프야틀라이외쿠틀 화산 • 61
에트나 화산 • 57, 60
엔털로프 협곡 • 21
옐로스톤 국립공원 • 43, 46
오로라 • 67
온천 • 7, 44, 46
용암 • 29, 57~58, 62~63
와이토모 동굴 • 20
자기력 • 67
자기장 • 67
자수정 • 33
점적석 • 21
종유석 • 19, 21
지각 • 8, 11, 15, 29~30, 43, 50, 53, 57~58, 63
지각 판 • 50, 53
지구의 핵 • 8, 64, 67

지진 • 50, 52~53
지진계 • 60
진흙 화산 • 47
천연가스 • 27
철 • 24, 27, 33, 67
크라카타우 섬 • 61
타르 • 27, 30
토양 • 11, 62
폼페이 • 61
하와이 • 62
해파리 • 39
향유고래 • 39
화산 • 29, 46, 50, 57~58, 60~62
화석 • 7, 30
흑연 • 29